SELECCIÓN CULINARIA

QUICHES Y
TARTAL

BLUME

Contenido

El arte de elaborar la masa

La preparación de la masa suele parecer algo muy laborioso. Aquí le mostramos que elaborar la masa es rápido y sencillo cuando se sabe lo que se está haciendo.

Cada país tiene su propia masa: los franceses tienen la pasta quebrada; los griegos, la masa *filo*; los húngaros, la masa *strudel*, y los chinos, la *won ton*. Hay muchos tipos de masa. De ellos, las más básicas, imprescindibles y fáciles de hacer son la masa quebrada y la masa quebrada enriquecida.

Como suele ocurrir con muchas cosas, en cuanto haya practicado suficiente le cogerá el punto a la elaboración de la masa. Es fácil dominar la técnica y, teniendo en cuenta varios trucos, como manipular la masa lo menos posible y trabajarla con delicadeza, no tendrá ningún problema para hacerla.

La mayoría de las recetas de este libro utilizan la masa quebrada o la masa quebrada enriquecida y se han elaborado utilizando un robot de cocina. Pero también puede conseguir magníficos resultados haciendo la masa a mano.

MASA QUEBRADA

250 g de harina
125 g de mantequilla fría, cortada en trozos
    pequeños
3-4 cucharadas de agua fría

1 Tamice la harina en un cuenco. Corte la mantequilla en trozos pequeños e incorpórela a la harina. Mezcle la mantequilla y la harina con los dedos, rápidamente pero con delicadeza, hasta que tenga el aspecto de migas de pan pequeñas.

2 Deje un hueco en el centro de la mezcla de harina y añada 2-3 cucharadas de agua. Con ayuda de una espátula, mezcle los ingredientes hasta que la masa ligue.

Mezcle la mantequilla y la harina con los dedos, delicadamente.

Mezcle rápidamente con ayuda de una espátula.

Deje un hueco en el centro de la mezcla de harina y añada el agua.

3 Sobre una superficie ligeramente enharinada, forme una bola con la masa. Tápela con film transparente y métala en el frigorífico de 20 a 30 minutos.

Puede transformar fácilmente una masa quebrada básica en una masa quebrada enriquecida añadiendo de forma gradual una yema de huevo batida. Para ello, siga el procedimiento anterior y añada una yema de huevo batida a la harina junto con las 2-3 cucharadas de agua, tal como se indica en el paso 2. Mezcle con una espátula los ingredientes hasta que liguen.

ELABORACIÓN CON ROBOT DE COCINA

La principal ventaja de utilizar un robot de cocina es la rapidez. Además, como casi no se manipula la masa, tampoco queda demasiado caliente. Tenga cuidado de no batirla mucho para que no se endurezca. Para controlar el tiempo, bata la masa a intervalos cortos. Mezcle los ingredientes durante un máximo de 10 segundos cada vez. Sabrá si la ha batido demasiado si se forma una bola en el robot de cocina. Sólo necesita que los ingredientes se aglutinen. Después amontónela con las manos formando una bola sobre la superficie de trabajo ligeramente enharinada.

MASA *FILO*

La masa *filo* está formada por láminas de masa muy finas. Puede comprarse en rollos, congelada o fresca. Si es congelada, métala en el frigorífico 24 horas antes para que se descongele. En la mayoría de las recetas de este libro que utilizan masa *filo*, se colocan 5-6 láminas para conseguir una base firme para la receta. Desenrolle las láminas extendiéndolas del todo, y tápelas con papel sulfurizado. Después, cubra el papel sulfurizado con un paño de cocina húmedo. De este modo, evitará que las láminas se sequen demasiado deprisa. Trabaje las láminas de una en una manteniendo el resto tapadas y pincélelas con aceite o mantequilla derretida.

Conserve las láminas de masa que no utilice bien tapadas con papel de aluminio. Puede guardarlas en el frigorífico hasta 3 días. No vuelva a congelar la masa otra vez abierta y des-

congelada. Sin abrir, la masa puede conservarse hasta 1 mes en el congelador.

MASAS PREPARADAS

Las masas de hojaldre, con mantequilla o aceite vegetal y las masas quebradas disponibles en el mercado vienen en láminas enrolladas listas para utilizar. La masa típica de hojaldre o quebrada también se vende en paquetes. Si

no encuentra masa de hojaldre con mantequilla, puede hacerla usted mismo; compre masa típica de hojaldre y pincélela con mantequilla derretida.

Los paquetes de masa congelados deben ponerse a descongelar 2 horas antes de utilizarlos. Las láminas de masa en rollos tardan de 5 a 10 minutos en descongelarse a temperatura ambiente.

LOS SECRETOS PARA OBTENER UNA MASA PERFECTA: SIETE PASOS PARA UN BUEN RESULTADO

1 Aire: airear la harina antes de mezclarla contribuye a que la masa final quede crujiente y ligera.

2 Temperatura fría: trabajar con temperaturas frías es fundamental. Si el día es caluroso, enfríe la mantequilla y el agua el mayor tiempo posible y deje enfriar la masa si se hace difícil trabajarla. Si tiene las manos calientes, láveselas con agua fría y séquelas bien. Utilice los dedos para mezclar la mantequilla con la harina, pues la palma de las manos tiene demasiada temperatura.

3 Mezcla: para la masa quebrada típica, no amase la pasta. Sólo debe presionar para juntarla y formar una bola. Trabaje la masa rápidamente, con delicadeza, lo mínimo posible.

4 Líquido: enfríe el agua y rocíe la mezcla de harina echando cucharadas de una

en una. El contenido de humedad de la harina varía en función de la marca, por lo que es difícil saber la cantidad exacta de agua que se debe utilizar. Incorpore el agua a la harina con ayuda de una espátula, hasta que la masa haya ligado. Si está demasiado blanda y pegajosa, espolvoree con un poco más de harina y haga una bola sobre la superficie de trabajo enharinada; si estuviese demasiado seca y se agrietase, rocíe con un poco más de agua.

5 Dejar enfriar y estirar la masa: dejar reposar la masa hace que sea más fácil estirarla y evita que encoja durante la cocción. Tape la bola con film transparente y métala en el frigorífico durante 20-30 minutos antes de estirarla. Si hace calor, déjela en el frigorífico durante al menos 30 minutos. Estire la masa sobre la superficie de trabajo enharinada con ayuda de un rodi-

llo de pastelería. Cuanto más fría esté la superficie, mejor se trabajará la masa.

6 Forrar el molde: ponga el rodillo en un extremo de la masa y enróllelo con ella cuidadosamente. Póngalo encima del molde o la fuente para tartas y desenrolle la masa con cuidado de no estirarla. Haga una pequeña bola con un poco de masa sobrante y utilícela para apretar la masa contra los laterales y la base del molde. Pase el rodillo, presionando con firmeza pero cuidadosamente, por el borde del molde para retirar el exceso de masa.

7 Reposo: una vez forrado el molde según se indica en la receta que esté preparando, deje enfriar la masa de nuevo durante al menos 20-30 minutos antes de hornearla para que repose. De este modo se evita que la masa se encoja durante la cocción.

Ponga la masa sobre el molde y desenrolle o desdóblela con cuidado.

Con una bola de masa apriete la masa contra el molde.

Pase el rodillo por el borde del molde presionando con firmeza.

HORNEAR A CIEGAS

Cocer la masa a ciegas consiste en cocer par-
cialmente el fondo de masa vacía antes de
añadir el relleno. De este modo, se evita que la
masa quede húmeda cuando se añade el relleno.

1 Después de dejar reposar la masa en el
molde, tápela con papel sulfurizado. Rellene el molde con legumbres secas, bolitas
para hornear o de cerámica.

2 Hornee la masa a temperatura media-alta,
190 ºC, durante el tiempo especificado en
la receta. Después, quite el papel sulfurizado y las bolitas y vuelva a meter la masa
en el horno destapada otros 10 minutos. La
masa tiene que estar un poco dorada. Puede guardar en un bote hermético el arroz,
las bolitas o las alubias una vez fríos y volver
a utilizarlos cuantas veces quiera.

Otra forma de cocer la masa a ciegas consiste en pinchar toda la base de la masa con un
tenedor. De este modo se evita que la masa

*Forre la masa con papel sulfurizado
y rellene con bolitas para hornear.*

*Quite con cuidado las bolitas
para hornear de la base de masa.*

crezca, ya que permite que el aire que contie-
ne salga durante la cocción. Hornee durante
20 minutos a 170 ºC de temperatura. La masa
tiene que quedar dorada y crujiente.

COMO ENFONDAR
UNA EMPANADA

Puede utilizar tanto masa de hojaldre como
masa quebrada.

1 Extienda la masa sobre papel sulfurizado
hasta que mida 5 cm más que el recipiente.
Para la tapa, corte la masa 1 cm más ancha
que el recipiente; después corte una circunferencia igual de ancha que el borde del
recipiente. Déjelo a un lado.

2 Ponga un embudo para hornear en el centro del recipiente y vierta el relleno frío alrededor. El embudo sujeta la masa y permite que salga el vapor.

3 Humedezca con agua el borde del recipiente y coloque la circunferencia recortada sobre los bordes. Es posible que tenga que
unir varias tiras para cubrir todo el borde.
Humedezca con agua.

4 Enrolle la masa en el rodillo y póngala encima del recipiente. Desenróllela y después corte los bordes con un cuchillo. Con
el canto del cuchillo, haga varias muescas
por todo el borde de la masa formando
ondas. De este modo se separan los bordes del pastel si se utiliza masa de hojaldre.

5 Con la punta de un cuchillo, haga un agu-
jero alrededor del embudo y pincele la tapa
con huevo batido para glasear.

GLASEAR

El glaseado se realiza con yema de huevo batido (mezclada a veces con agua, leche o crema), pincelando la tapa de masa antes de hornear. Esto da a la masa un acabado dorado y
brillante.

CONGELAR LA MASA

Puede hacer la masa antes y congelarla para
cuando la necesite; puede conservarse hasta
3 meses. Cuando vaya a utilizarla, métala la no-
che antes en el frigorífico para que se descongele. También puede conservarla en el frigorífico hasta 2 días si está bien tapada.

CONSEJOS
GENERALES

La mayoría de las recetas que se dan en este libro indican medidas específicas para los moldes. El tiempo de cocción para la quiche, la
empanada o tartaleta depende en gran parte
del tamaño del molde. Si no dispone de ningún molde para el horno, quizá resulte conve-
niente comprar moldes para horno de tama-
ños estándar (por ejemplo, un molde redondo
de 20 cm de anchura, un molde de quiche de
25 cm desmoldable o un recipiente refractario
rectangular o redondo de 24 cm). En ocasio-
nes utilizamos herramientas que no suele ha-

*Con un cuchillo, corte un collar
alrededor del molde.*

*Con el dorso de un cuchillo
haga muescas en los bordes.*

ber en todas las casas. Por ejemplo, si no dispone de un cortador entramado o de un cortador de pasta, puede utilizar un cuchillo con el filo ligeramente enharinado.

Si observa que la base de la masa no se está cociendo por debajo, ponga en el horno una placa metálica para hornear con el fin de que

se caliente a la vez que se va calentando el horno. Cuando el horno alcance la temperatura adecuada, ponga el molde o el recipiente preparado sobre la placa metálica. Comprobará que el fondo de la masa se cuece mucho más rápido. Eche el relleno en el molde o el recipiente colocado en la placa precalentada.

Coloque un collar de masa en el borde de las empanadas; así se evita que la tapa de masa se pegue y que se levante mientras dura la cocción.

Para comprobar si una empanada está cocida, introduzca una broqueta metálica en el centro de la misma. En caso de que salga fría al tacto, hornee un poco más.

DECORAR TARTAS Y EMPANADAS

Utilizando las tiras de masa sobrantes, puede dar un acabado decorando a su tarta. Es fácil y cambia su aspecto. Una vez que esté tapada, simplemente corte las formas que quiera poner, glasee la tapa, ponga los adornos sobre ella y pincélelos para glasear.

Si no quiere hacer sus propios diseños, puede comprar cortapastas con los diversos diseños que hay en el mercado. Los cortadores de formas diversas son ideales. Corte figuras del centro de la masa utilizando un cortador con formas. Enrolle con cuidado la masa en el rodillo, póngala sobre la tapa y extiéndala. Glasee después ligeramente la masa con un poco de yema de huevo batido o agua.

Si no tiene cortadores con formas, o quiere hacer formas más complicadas, busque una figura en un libro y cálquela para hacer una plantilla. Pase la figura a

un cartón y recórtela. Póngala sobre la masa y corte la masa por el borde de la figura con ayuda de un cuchillo enharinado. También puede decorar la empanada esparciendo 3-4 cucharadas de sésamo o de semillas de amapola sobre la tapa de la misma glaseada antes de empezar a hornear.

TAPA ENREJADA

Con un poco de práctica, puede hacer una tapa enrejada fácilmente. Extienda la masa formando un círculo sobre un papel sulfurizado. Con ayuda de un cortapastas enharinado o de un cuchillo con filo, corte láminas de masa en tiras alargadas de 1,5 cm de anchura. En otro papel sulfurizado, ponga la mitad de las tiras en sentido vertical, separadas 1 cm unas de otras. Doble hacia atrás y entrelace una tira horizontal con las tiras verticales. Repita la

operación con las demás tiras. Meta en el frigorífico las tiras hasta que estén firmes. Después, inviértalas sobre la tarta y quite el papel. Presione sobre los bordes y retire la masa sobrante. Glasee con huevo batido y hornee siguiendo las indicaciones del fabricante.

BORDES

En las empanadas es muy importante unir bien la base y la tapa de la masa para que queden bien fijas. Aunque la manera más fácil de acanalar los bordes es hacer unas muescas profundas con los dientes de un tenedor. También puede realizar rebordes con los dedos. Para hacer conchas, utilice una cuchara y apriete suavemente los bordes de la masa. También puede realizar formas de plumas con unas tijeras de cocina; practique cortes suaves en los bordes de la masa.

Utilice una plantilla para hacer formas y una pajita para los agujeros.

Extienda la masa restante y córtela en tiras para la tapa enrejada.

Utilice una cuchara para hacer formas decorativas en los bordes.

Quiche Lorraine

TIEMPO DE PREPARACIÓN: 35 minutos

+ 35 minutos en el frigorífico

TIEMPO DE COCCIÓN: 1 hora y 5 minutos

Para 4 a 6 personas

185 g de harina
90 g de mantequilla fría, cortada en trozos
1 yema de huevo

Para el relleno:

20 g de mantequilla
1 cebolla picada
4 lonchas de beicon, cortado en tiras
2 cucharadas de cebollino, picado
2 huevos
185 ml de crema de leche espesa
60 ml de leche
100 g de queso gruyère rallado

1 Ponga la harina y la mantequilla en un robot y bata 15 segundos o hasta que la mezcla forme migas. Añada la yema de huevo y 2 o 3 cucharadas de agua. Bata a intervalos cortos hasta que los ingredientes se unan.

Ponga la masa sobre la superficie de trabajo enharinada y forme una bola. Tápela con film transparente y métala en el frigorífico 15 minutos.

2 Extienda la masa entre dos hojas de papel sulfurizado hasta que se pueda cubrir una tartera de base desmoldable de 25 cm. Coloque la masa en el molde y presiónela contra los bordes. Con la ayuda de un cuchillo o apretando un rodillo sobre el borde, corte la masa sobrante. Meta el molde forrado con la masa en el frigorífico 20 minutos. Precaliente el horno a 190 °C.

3 Cubra la base con papel sulfurizado, rellene con bolitas para hornear y hornee 15 minutos. Quite el papel y las bolitas y hornee 10 minutos o hasta que la masa se haya secado. Baje la temperatura del horno a 180 °C.

4 Para el relleno, caliente la mantequilla en un cazo. Añada la cebolla y el beicon y cueza 10 minutos. Incorpore el cebollino y déjelo enfriar.

5 Bata los huevos, la crema, la leche y la pimienta en una jarra. Distribuya la cebolla y el beicon en el molde. Vierta encima la mezcla anterior y espolvoree con queso. Hornee 30 minutos hasta que el relleno haya cuajado y esté dorado.

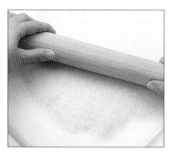

Estire la masa entre dos hojas de papel sulfurizado.

Vierta la mezcla de huevo sobre la cebolla y el beicon.

Quiche de ostras

TIEMPO DE PREPARACIÓN: 20 minutos

+ 20 minutos en el frigorífico

TIEMPO DE COCCIÓN: 1 hora

Para 4 personas

1 lámina de masa quebrada preparada
2 huevos
2 cucharaditas de harina
¼ de cucharadita de nuez moscada
    recién molida
2 cucharadas de crema de leche
2 cucharadas de leche
65 g de queso gruyère rallado
1 docena de ostras frescas, sin las conchas
20 g de parmesano, en virutas

1 Forre una tartera de base desmoldable de 19 cm con la masa. Presione bien la masa en las paredes del molde y, con la ayuda de un cuchillo o un rodillo, corte la masa sobrante. Métala en el frigorífico durante 20 minutos. Precaliente el horno a 180 °C. Cubra la masa con papel sulfurizado y rellénela con bolitas para hornear. Hornee 10 minutos. Quite el papel y las bolitas y hornee otros 5 minutos o hasta que la masa esté ligeramente dorada. Déjela enfriar sobre una rejilla.

2 Bata los huevos en un cuenco. Incorpore la harina, la nuez moscada, la crema, la leche y una pizca de sal y bata. Añada el queso y remuévalo. Vierta la mezcla sobre el fondo de la tarta.

3 Coloque las ostras por encima. Distribuya el parmesano y hornee durante 40-45 minutos. Deje enfriar un poco antes de servir.

Cubra la masa con papel sulfurizado y rellénela con bolitas para hornear.

Bata la harina, la nuez moscada, la crema, la leche y la sal con los huevos.

Coloque las ostras sobre la quiche.

Quiche de calabaza asada y espinacas

TIEMPO DE PREPARACIÓN: 20 minutos
TIEMPO DE COCCIÓN: 1 hora y 50 minutos
Para 4-6 personas

500 g de calabaza
1 cebolla roja, en cuñas pequeñas
2 cucharadas de aceite de oliva
1 diente de ajo, picado
1 cucharadita de sal
4 huevos
125 ml de crema de leche espesa
125 ml de leche
1 cucharada de perejil picado
1 cucharada de cilantro picado
1 cucharadita de mostaza en grano
6 láminas de masa *filo*
50 g de espinacas, blanqueadas
1 cucharada de parmesano rallado

1 Precaliente el horno a 190 °C. Corte la calabaza en rodajas de 1 cm sin quitar la corteza. Ponga la calabaza, la cebolla, 1 cucharada de aceite de oliva, el ajo y la sal en una fuente refractaria. Hornee 1 hora o hasta que las hortalizas estén cocidas y ligeramente doradas.

2 Bata los huevos, la crema, la leche, las hierbas y la mostaza. Salpimiente.

3 Engrase una tartera de base desmoldable de 22 cm. Pincele las 6 láminas de *filo* con aceite y cubra el molde con ellas. Lleve los bordes de la masa hacia abajo cubriendo el molde para formar una tapa de masa.

4 Caliente una placa para hornear 10 minutos. Ponga el molde en la placa y distribuya las hortalizas por la base. Vierta la mezcla de huevo sobre las hortalizas y espolvoree con el parmesano.

5 Hornee durante 35-40 minutos, o hasta que el relleno se haya dorado y cuajado.

Hornee las hortalizas hasta que estén un poco doradas y cocidas.

Cubra el molde con las 6 láminas de pasta filo.

Vierta la mezcla de huevo y crema sobre las hortalizas.

Quiche de calabacín y jamón

TIEMPO DE PREPARACIÓN: 35 minutos

+ 20 minutos en el frigorífico

TIEMPO DE COCCIÓN: 1 hora y 15 minutos

Para 6 personas

1 lámina de masa quebrada preparada

Para el relleno:
aceite de oliva para cocinar
150 g de jamón
1 cebolla, picada
4 calabacines, a rodajas finas
4 huevos
170 ml de crema de leche
60 ml de leche
25 g de parmesano rallado

1 Extienda la masa hasta cubrir con ella una tartera de base desmoldable acanalada de 25 cm. Forre el molde con la masa, presione bien sobre las paredes y retire el exceso de masa con un cuchillo o pasando un rodillo por el borde del molde. Déjelo en el frigorífico 20 minutos. Precaliente el horno a 200 °C. Cubra la masa con papel sulfurizado y rellene el molde con bolitas para hornear. Métalo en el horno durante 15 minutos. Quite el papel y las bolitas y hornee otros 10 minutos o hasta que la masa esté dorada. Retírelo del horno y deje que se enfríe sobre una rejilla.

2 Para el relleno, caliente 2 cucharadas de aceite de oliva en una sartén. Corte el jamón en lonchas finas y dórelo hasta que esté crujiente. Retírelo de la sartén con una espumadera y deje que el aceite se escurra sobre papel de cocina. Saltee la cebolla hasta que esté blanda y retírela de la sartén. Saltee los calabacines. Cuando estén casi hechos, aderece con sal y pimienta negra. Retire del fuego.

3 Mezcle los huevos, la crema, la leche y casi todo el parmesano en una jarra.

4 Distribuya el jamón, la cebolla y los calabacines sobre la masa. Vierta encima la mezcla de huevo y leche. Espolvoree con el resto del parmesano. Hornee de 35 a 40 minutos, hasta que el relleno cuaje y esté dorado.

Recorte el exceso de masa de los bordes del molde.

Retire el jamón salteado de la sartén.

Sazone los calabacines con pimienta negra recién molida.

Quiche de salmón ahumado y alcaparras

TIEMPO DE PREPARACIÓN: 25 minutos

+ 40 minutos en el frigorífico

TIEMPO DE COCCIÓN: 1 hora y 10 minutos

Para 6-8 personas

185 g de harina
90 g de mantequilla fría picada
2 cucharaditas de pimienta negra, picada
   groseramente
1 yema de huevo

Para el relleno:

1 puerro pequeño, picado
½ cucharadita de azúcar
8 lonchas de salmón ahumado
50 g de guisantes congelados
2 cucharadas de alcaparras, picadas
75 g de queso crema
2 huevos
2 cucharadas de mostaza de Dijon
185 ml de crema de leche espesa

1 Pique la harina y la mantequilla en el robot 15 segundos hasta que forme migas. Añada la pimienta en grano, la yema de huevo y 2 cucharadas de agua. Bata a intervalos cortos hasta que la mezcla sea homogénea. Póngala sobre la superficie de trabajo enharinada y forme una bola. Tápela con film transparente y déjela enfriar 30 minutos. Precaliente el horno a 200 °C. Engrase una tartera de fondo desmoldable de 17 cm de diámetro.

2 Forre el molde con la masa, póngalo en una placa para el horno y déjelo enfriar 10 minutos. Pinche la base y hornee durante 12 minutos.

3 Para el relleno, rehogue el puerro y el azúcar en un poco de aceite a fuego lento 15 minutos. Déjelo enfriar y distribúyalo después sobre la masa. Coloque las lonchas de salmón alrededor el molde. Ponga los guisantes y las alcaparras en el centro.

4 Bata el queso, los huevos y la mostaza hasta que la mezcla esté homogénea. Añada la crema y vierta sobre el molde. Hornee 40 minutos o hasta que cuaje.

Pinche el fondo de masa con un tenedor.

Coloque las lonchas de salmón alrededor del molde.

Bata el queso, los huevos y la mostaza y después añada la crema.

Quiche de champiñones con masa de perejil

TIEMPO DE PREPARACIÓN: 30 minutos

+ 50 minutos en el frigorífico

TIEMPO DE COCCIÓN: 1 hora

Para 4 a 6 personas

150 g de harina
15 g de perejil picado
90 g de mantequilla fría, picada
1 yema de huevo

Para el relleno de champiñones:

30 g de mantequilla
1 cebolla roja, picada
175 g de champiñones, fileteados
1 cucharadita de zumo de limón
20 g de perejil, picado
20 g de cebollino, picado
1 huevo ligeramente batido
80 ml de crema de leche espesa

1 Pique en el robot la harina, el perejil y la mantequilla 15 segundos hasta que se formen migas. Añada la yema de huevo y 2 cucharadas de agua.

Bata a intervalos hasta que la mezcla quede ligada. Ponga la masa sobre la superficie de trabajo enharinada y forme una bola. Tápela con film transparente y déjela enfriar durante 30 minutos.

2 Extienda la masa entre 2 hojas de papel sulfurizado para una tartera de base desmoldable de 35 x 10 cm. Enrolle la masa en el rodillo y recubra el molde. Corte la masa sobrante. Métala en el frigorífico 20 minutos. Precaliente el horno a 190 °C. Forre la masa con papel sulfurizado y rellene con bolitas para hornear. Hornee 15 minutos. Quite el papel y las bolitas y hornee otros 10 minutos o hasta que la masa se haya secado. Baje la temperatura del horno a 180 °C.

3 Para el relleno, derrita la mantequilla en un cazo y rehogue la cebolla de 2 a 3 minutos. Añada los champiñones y cuézalos hasta que estén blandos. Incorpore el zumo de limón y las hierbas y remueva. Bata el huevo y la crema y sazone.

4 Extienda los champiñones en el molde y vierta la mezcla de huevo. Hornee de 25 a 30 minutos o hasta que el relleno haya cuajado.

Ponga la harina y el perejil en el robot y añada la mantequilla.

Con ayuda del rodillo, extienda la masa sobre el molde.

Vierta la mezcla de huevo y crema sobre el relleno de champiñones.

Quiches de gambas, cangrejo y queso

TIEMPO DE PREPARACIÓN: 45 minutos

+ 30 minutos en el frigorífico

TIEMPO DE COCCIÓN: 40 minutos

Para 4 personas

250 g de harina
125 g de mantequilla fría, picada
2 yemas de huevo

Para el relleno de cangrejo y queso:

1 lata de 170 g de carne de cangrejo,
   bien escurrido
4 cebollas tiernas, picadas
2 huevos ligeramente batidos
250 ml de crema de leche
125 g de cheddar o gruyère, rallado
2 cucharadas de eneldo, picado
1 cucharadita de ralladura de limón
200 g de gambas, cocidas y peladas

1 Bata en el robot la harina y la mantequilla 15 segundos hasta que se formen migas. Añada las yemas de huevo y 3 o 4 cucharadas de agua. Bata a intervalos hasta que la mezcla ligue. Ponga la masa sobre la superficie de trabajo enharinada y forme una bola. Tápela con film transparente y métala en el frigorífico al menos 15 minutos.

2 Engrase 8 tartaletas desmoldables de 3 cm de altura y 8 cm de anchura. Divida la masa en 8 partes iguales y extiéndala con el rodillo hasta que pueda forrar con ella los moldes. Coloque la masa en los moldes y corte el sobrante. Tápelos y métalos en el frigorífico durante 15 minutos. Precaliente el horno a 190 °C. Forre los moldes con papel sulfurizado y rellénelos con bolitas para hornear. Hornee 10 minutos. Quite el papel y las bolitas y hornee otros 10 minutos o hasta que la masa esté dorada.

3 Para el relleno, ponga la carne de cangrejo, las cebollas, los huevos batidos, la crema, el queso, el eneldo picado y la ralladura de limón en un cuenco. Sazone con pimienta negra recién molida. Reparta las gambas entre los moldes. La mezcla de cangrejo es bastante espesa; extiéndala sobre las gambas con ayuda de un tenedor. Hornee de 15 a 20 minutos o hasta que el relleno esté dorado.

Exprima pequeñas cantidades de carne de cangrejo.

Extienda la masa y cubra con ella los moldes.

Con ayuda de un tenedor, extienda la mezcla de cangrejo sobre los moldes.

Quiche de patata, puerro y espinacas

TIEMPO DE PREPARACIÓN: 1 hora

+ 50 minutos en el frigorífico

TIEMPO DE COCCIÓN: 2 horas

Para 6-8 personas

250 g de harina
125 g de mantequilla fría, picada

Para el relleno:
3 patatas medianas
30 g de mantequilla
2 cucharadas de aceite
2 dientes de ajo, picados
2 puerros, a rodajas
500 g de espinacas, preparadas
125 g de cheddar o gruyère rallado
4 huevos
125 ml de crema de leche
125 ml de leche

1 Ponga la harina en el robot, añada la mantequilla y bata hasta que la masa forme migas. Añada 2 o 3 cucharadas de agua y bata a intervalos hasta que la mezcla ligue. Póngala sobre la superficie de trabajo enharinada y forme una bola. Tápela con film transparente y métala en el frigorífico 30 minutos. Extiéndala entre 2 hojas de papel sulfurizado y forre con ella un molde desmoldable de 21 cm de diámetro. Póngalo sobre una placa de horno y déjelo enfriar 20 minutos.

2 Pele las patatas y córtelas en rodajas pequeñas. Derrita la mantequilla y el aceite en una sartén; añada el ajo y las patatas, tape y cueza 5 minutos a fuego lento. Retire las patatas con una espumadera y déjelas escurrir. Eche los puerros a la sartén y ablándelos. Retírelos del fuego. Ponga las espinacas en una cacerola, tápela y deje que cuezan 2 minutos o hasta que estén blandas. Déjelas enfriar y escurrir. Extienda las espinacas sobre papel de cocina para que se sequen.

3 Precaliente el horno a 180 °C. Forre la masa con papel sulfurizado y rellene el molde con bolitas para hornear. Hornee durante 15 minutos. Quite el papel y las bolitas y hornee otros 15 minutos.

4 Reparta la mitad del queso en el fondo del molde y extienda encima la mitad de las patatas, de las espinacas y los puerros. Ponga otra capa más de cada ingrediente. Bata los huevos, la crema y la leche y viértalos sobre el molde. Hornee 1 hora y 20 minutos o hasta que el relleno haya cuajado.

Retire las patatas con una espumadera.

Extienda capas de queso, patata, espinacas y puerro sobre la masa.

Quiche de tomate y beicon

TIEMPO DE PREPARACIÓN: 45 minutos

+ 1 hora en el frigorífico

TIEMPO DE COCCIÓN: 1 hora y 10 minutos

Para 6 personas

185 g de harina
1 pizca de pimienta de Cayena
1 pizca de mostaza en polvo
125 g de mantequilla fría, picada
40 g de cheddar o gruyère rallado
1 yema de huevo

Para el relleno:

25 g de mantequilla
100 g de beicon, sin la corteza y desgrasado
1 cebolla pequeña, finamente picada
3 huevos
185 ml de crema de leche
½ cucharadita de sal
2 tomates pelados, sin semillas y picados
90 g de cheddar o gruyère rallado

1 Pique en el robot la harina, la pimienta, la mostaza y la mantequilla hasta que se formen migas. Añada

el queso y la yema y bata a intervalos cortos hasta que la mezcla ligue. Añada 1 o 2 cucharadas de agua si es necesario. Ponga la masa sobre la superficie de trabajo enharinada y forme una bola. Tápela con film transparente y métala en el frigorífico 30 minutos. Engrase un molde desmoldable de 22 cm de anchura.

2 Para el relleno, derrita la mantequilla en una sartén y fría el beicon unos minutos a temperatura media. Añada la cebolla y déjela cocer hasta que esté blanda. Retírela del fuego. Bata un poco los huevos, la crema y la sal en un cuenco. Añada el beicon y la cebolla, y después incorpore el tomate y el queso.

3 Extienda la masa sobre la superficie de trabajo enharinada y forre el molde con ella. Métalo en el frigorífico durante 30 minutos. Precaliente el horno a 180 °C. Cubra la masa con papel sulfurizado y rellene el molde con bolitas para hornear. Métalo en el horno durante 10 minutos. Quite el papel y las bolitas y hornee otros 10 minutos.

4 Extienda el relleno sobre la base de masa y hornee 35 minutos o hasta que se dore.

Quite la corteza, desgrase el beicon y córtelo en trozos.

Añada la cebolla al beicon y fría hasta que se ablande.

Incorpore los trozos de tomate y el queso a la mezcla de huevo y crema.

Quiche de cebolla caramelizada

TIEMPO DE PREPARACIÓN: 45 minutos

+ 20 minutos en el frigorífico

TIEMPO DE COCCIÓN: 1 hora y 45 minutos

Para 6 personas

185 g de harina
125 g de mantequilla fría, picada
1 yema de huevo

Para el relleno:
800 g de cebolla, a rodajas finas
75 g de mantequilla
1 cucharada de azúcar moreno blando
185 ml de crema agria
2 huevos
40 g de jamón cortado en tiras
40 g de gruyère rallado
2 cucharaditas de hojas de tomillo

1 Bata la harina y la mantequilla hasta que formen migas. Añada la yema de huevo y 1 o 2 cucharadas de agua. Bata a intervalos cortos hasta que la masa ligue. Añada más agua si es necesario. Saque la masa del robot y forme una bola. Tápela con film transparente y déjela enfriar durante 20 minutos.

2 Blanquee la cebolla en agua hirviendo durante 2 minutos y después escúrrala. Derrita la mantequilla en un cazo y cueza la cebolla a fuego lento 25 minutos, hasta que esté blanda. Incorpore el azúcar moreno, remueva y déjelo cocer 15 minutos más, removiendo de vez en cuando. Precaliente el horno a 200 ºC. Engrase una tartera desmoldable de 22 cm de diámetro.

3 Extienda la masa para cubrir el molde. Forre el molde y corte el sobrante con ayuda de un cuchillo. Cubra la masa con papel sulfurizado y rellene el molde con bolitas para hornear. Métalo en el horno durante 15 minutos. Quite el papel y las bolitas y hornee otros 5 minutos. Deje enfriar.

4 Bata un poco la crema agria y los huevos. Añada el jamón, el queso y las hojas de tomillo. Salpimiente. Añada la cebolla y remueva. Rellene el molde con la mezcla de cebolla. Hornee 40 minutos o hasta que haya cuajado. Si la masa empieza a oscurecerse, tápela con papel de aluminio.

Añada la yema de huevo a la mezcla de harina y huevo.

Blanquee la cebolla con agua hirviendo.

Incorpore el azúcar moreno a la cebolla.

Quiches de alcachofas y provolone

TIEMPO DE PREPARACIÓN: 40 minutos
+ 30 minutos en el frigorífico
TIEMPO DE COCCIÓN: 35 minutos
Para 6 personas

250 g de harina
125 g de mantequilla fría, picada
1 yema de huevo

Para el relleno:
1 berenjena pequeña, a rodajas
6 huevos, un poco batidos
3 cucharaditas de mostaza en grano
150 g de queso provolone rallado
200 g de alcachofas en conserva, a rodajas
125 g de tomates semisecos

1 Bata la harina y la mantequilla en el robot de cocina durante 15 segundos hasta que formen migas. Añada la yema de huevo y 3 cucharadas de agua. Bata a intervalos cortos hasta que la mezcla ligue. Añada un poco más de agua si es necesario. Ponga la masa sobre la superficie de trabajo enharinada y forme una bola. Tápela con film transparente y métala en el frigorífico al menos 30 minutos.

2 Caliente el horno a 190 °C y engrase 6 moldes de tartaletas de 11 cm de diámetro.

3 Para el relleno, pincele la berenjena con aceite de oliva y dórela bajo el grill. Mezcle los huevos, la mostaza y el queso en una jarra.

4 Extienda la masa y forre con ella los moldes. Quite el exceso de masa y decore los bordes. Ponga una rodaja de berenjena, alcachofa y tomate en los moldes. Vierta la mezcla de huevo sobre los ingredientes y hornee durante 25 minutos o hasta que las quiches se doren.

Forme una bola con la masa y tápela con film transparente.

Pincele cada rodaja de berenjena con un poco de aceite de oliva.

Ponga una rodaja de berenjena en el fondo de cada molde.

Quiche de marisco

TIEMPO DE PREPARACIÓN: 20 minutos

+ 20 minutos en el frigorífico

TIEMPO DE COCCIÓN: 1 hora

Para 4-6 personas

1 lámina de masa quebrada preparada

Para el relleno:

30 g de mantequilla

300 g de marisco crudo (gambas, vieiras
  y carne de cangrejo)

90 g de gruyère rallado

3 huevos

1 cucharada de harina

¼ de cucharadita de sal

½ cucharadita de pimienta negra

125 ml de crema de leche

125 ml de leche

1 hinojo pequeño picado fino

1 cucharada de parmesano rallado

1 Extienda la masa con el rodillo para forrar una tartera desmoldable de 22 cm. Coloque la masa en el molde y retire el sobrante con ayuda de un cuchillo. Métala en el frigorífico 20 minutos. Precaliente el horno a 190 °C. Cubra la masa con papel sulfurizado y rellene el molde con arroz. Métalo en el horno durante 15 minutos. Quite el papel y el arroz y hornee otros 10 minutos o hasta que la masa esté un poco dorada. Déjela enfriar sobre una rejilla.

2 Caliente la mantequilla en una cacerola y saltee el marisco de 2 a 3 minutos o hasta que esté cocido. Déjelo enfriar y distribúyalo sobre la base de masa. Espolvoree con el gruyère.

3 Ponga los huevos en una jarra pequeña, incorpore la harina, la sal, la pimienta, la crema y la leche y bata. Vierta la mezcla de huevo sobre el relleno de la quiche. Esparza el hinojo y el parmesano por encima.

4 Hornee durante 30 o 35 minutos. Deje enfriar un poco antes de servir.

Retire el papel sulfurizado y el arroz del fondo de tarta.

Saltee el marisco en la mantequilla hasta que esté cocido.

Distribuya el queso rallado sobre el marisco.

Quiches de pimienta verde y gruyère

TIEMPO DE PREPARACIÓN: 25 minutos
+ 15 minutos en el frigorífico
TIEMPO DE COCCIÓN: 35 minutos
Para 4 quiches

1 lámina de masa hojaldrada preparada

Para el relleno:
100 g de queso gruyère cortado en dados
½ tallo de apio, finamente picado
1 cucharadita de tomillo, picado
2 cucharaditas de pimienta verde en grano,
    picada
1 huevo, ligeramente batido
60 ml de crema de leche
1 cucharada de romero

1 Engrase 4 tartaletas desmoldables de 8 cm de diámetro. Corte la masa en 4 círculos de 14 cm. Ponga la masa en los moldes y péguela bien contra los lados. Con la ayuda de un cuchillo o girando un rodillo sobre el borde del molde, corte la masa sobrante. Pinche la base de los moldes varias veces con un tenedor. Métalos en el frigorífico 15 minutos.

2 Precaliente el horno a 220 °C. Hornee la masa durante 12 minutos o hasta que esté dorada y se haya hinchado. Retírela del horno y presione la masa hacia abajo si se ha hinchado mucho, para hacer hueco para el relleno. Deje enfriar.

3 Para el relleno, mezcle el queso, el apio, el tomillo y la pimienta en grano en un cuenco pequeño. Con una cuchara, eche la mezcla en los moldes. Después, vierta la mezcla de huevo y crema. Espolvoree por encima con romero. Hornee durante 20 minutos o hasta que el relleno se hinche y cuaje.

Pique el gruyère, el apio y el tomillo.

Apriete un poco la masa hacia abajo
si se ha hinchado mucho.

Espolvoree por encima con romero.

33

Quiche de boniato

TIEMPO DE PREPARACIÓN: 30 minutos
+ 20 minutos en el frigorífico
TIEMPO DE COCCIÓN: 1 hora y 35 minutos
Para 6 personas

250 g de harina
125 g de mantequilla fría, picada
1 yema de huevo

Para el relleno:
30 g de mantequilla
1 cebolla, picada
1 diente de ajo, picado
2 cucharaditas de comino molido
2 cucharaditas de semillas de mostaza
1 cucharadita de azúcar moreno blando
450 g de boniato, picado
2 huevos, batidos
60 ml de leche
60 ml de crema de leche
2 cucharadas de perejil picado
2 cucharadas de cebollino picado

1 Bata la harina y la mantequilla hasta que formen migas. Añada la yema de huevo y 2 o 3 cucharadas de agua. Bata a intervalos hasta que mezcla ligue. Póngala sobre la superficie de trabajo enharinada y haga una bola con la masa. Póngala entre dos papeles sulfurizados y extiéndala para forrar una tartera desmoldable de 22 cm de diámetro. Coloque la masa en el molde y recorte los bordes. Métala en el frigorífico 20 minutos.

2 Caliente la mantequilla en una cacerola y fría la cebolla y el ajo 5 minutos. Añada la mostaza, el comino y el azúcar moreno y remueva durante 1 minuto. Añada los boniatos y déjelos cocer durante 10 minutos a fuego lento hasta que estén un poco blandos.

3 Precaliente el horno a 180 °C. Cubra la masa con papel sulfurizado y rellene el molde con bolitas para hornear. Métalo en el horno durante 15 minutos. Quite el papel y las bolitas y hornee otros 15 minutos.

4 Vierta la mezcla de boniato en la masa. Incorpore la mezcla de huevo, leche, crema y hierbas. Hornee durante 50 minutos o hasta que cuaje.

Pele los boniatos y trocéelos.

Añada la mostaza, el comino y el azúcar a la cebolla.

Vierta la mezcla de crema y hierbas sobre el boniato.

Quiche de salmón fresco y eneldo

TIEMPO DE PREPARACIÓN: 35 minutos
+ 30 minutos en el frigorífico
TIEMPO DE COCCIÓN: 55 minutos
Para 4-6 personas

185 g de harina
125 g de de mantequilla fría, picada
1 cucharadita de azúcar lustre

Para el relleno:
2 huevos
1 yema de huevo
250 ml de crema de leche
1 cucharadita de cáscara de limón, rallada
2 cucharadas de cebolla tierna, picada fina
500 g de filetes de salmón fresco, sin espinas
   y cortados en trocitos
1 cucharada de eneldo picado

1 Bata la harina, la mantequilla y
el azúcar hasta que formen migas.
Añada 1 o 2 cucharadas de agua.
Bata a intervalos hasta que la
mezcla ligue. Ponga la masa sobre
la superficie de trabajo enharinada
y haga una bola. Tápela con film transparente y métala
en el frigorífico 15 minutos.

2 Extienda la pasta entre 2 papeles sulfurizados para
forrar una tartera desmoldable de 22 cm de diámetro.
Coloque la masa en el molde y retire el sobrante.
Meta el molde forrado en el frigorífico 15 minutos.
Precaliente el horno a 180 °C.

3 Para el relleno, bata ligeramente los huevos
y la yema hasta que estén bien mezclados. Añada
la crema, la ralladura de limón y la cebolla y aderece
con sal y pimienta negra recién molida. Tápelo
y resérvelo.

4 Pinche el fondo de la tarta con un tenedor.
Cúbralo con papel sulfurizado y rellene
el molde con bolitas para hornear o con arroz.
Métala en el horno 15 minutos o hasta que
esté dorada. Quite el papel y las bolitas o el
arroz y distribuya los trozos de salmón por la base.
Esparza el eneldo y después vierta la mezcla de
huevo. Hornee durante 40 minutos o hasta que
el salmón esté cocido y el relleno haya cuajado.
Puede servirse fría o caliente.

*Corte los filetes de salmón pelados
en trocitos.*

*Cubra la masa con papel sulfurizado
y rellene el molde con arroz.*

*Esparza el eneldo picado sobre
el salmón.*

Quiche de queso azul y chirivías

TIEMPO DE PREPARACIÓN: 45 minutos
+ 25 minutos en el frigorífico
TIEMPO DE COCCIÓN: 1 hora y 10 minutos
Para 4-6 personas

125 g de harina
150 g de harina integral
100 g de mantequilla fría, picada
1 yema de huevo

Para el relleno:
1 cucharada de aceite
1 cebolla, picada
2 zanahorias, cortadas en daditos
2 chirivías, cortadas en daditos
2 cucharaditas de semillas de comino
2 cucharadas de cilantro picado
200 g de queso azul suave
2 huevos ligeramente batidos
185 ml de crema de leche

1 Pique en el robot las harinas
y la mantequilla hasta que formen
migas. Añada la yema de huevo
y 3 cucharadas de agua. Bata

a intervalos hasta que la mezcla ligue. Ponga la masa
sobre la superficie de trabajo enharinada y forme una
bola. Tápela con film transparente y déjela enfriar
15 minutos. Precaliente el horno a 200 °C. Engrase
una tartera desmoldable de 19 cm de diámetro.

2 Extienda la masa entre 2 papeles sulfurizados para
forrar el molde. Coloque la masa en el molde y retire
el sobrante. Pinche la base con un tenedor y deje
enfriar 10 minutos. Ponga el molde sobre una placa
para hornear caliente y hornee durante 12 minutos
o hasta que la masa esté dorada y seca. Déjala enfriar.

3 Para el relleno, caliente el aceite en una sartén
y fría la cebolla, la zanahoria, las chirivías y las
semillas de comino a temperatura media hasta que
la cebolla esté blanda. Sazone con cilantro y sal al
gusto y remueva. Retírelo del fuego y deje que se
enfríe un poco.

4 Desmenuce el queso sobre el fondo de tarta
y después vierta por encima la mezcla de verduras.
Bata los huevos y la crema y viértalo sobre las
verduras. Espolvoree con pimienta negra. Hornee
45 minutos o hasta que el relleno haya cuajado.

Extienda la masa y forre el molde
preparado.

Enfríe el fondo de tarta horneado.

Con una cuchara, añada la mezcla
de verduras sobre el queso.

Quiche de espárragos y parmesano

TIEMPO DE PREPARACIÓN: 25 minutos

+ 50 minutos en el frigorífico

TIEMPO DE COCCIÓN: 1 hora

Para 4 personas

185 g de harina
125 g de mantequilla fría, picada
1 yema de huevo

Para el relleno de espárragos:

50 g de parmesano recién rallado
30 g de mantequilla
1 cebolla roja pequeña, picada
2 cebollas tiernas, picadas
1 cucharada de eneldo, picado
1 cucharada de cebollino, picado
1 huevo ligeramente batido
60 ml de crema agria
60 ml de crema de leche
400 g de espárragos en conserva, escurridos

1 Bata en el robot la harina y la mantequilla hasta que formen migas. Añada la yema de huevo y 2 cucharadas de agua. Bata a intervalos hasta que la mezcla ligue. Ponga la masa sobre la superficie de trabajo enharinada y haga una bola. Tápela con film transparente y déjela enfriar 30 minutos.

2 Extienda la pasta entre 2 papeles sulfurizados y forre una tartera desmoldable rectangular de 35 x 10 cm hasta los bordes. Retire el exceso de masa. Déjela enfriar durante 20 minutos. Precaliente el horno a 190 °C. Cubra la masa con papel sulfurizado y rellene con bolitas para hornear. Hornee 15 minutos. Quite el papel y las bolitas y hornee 10 minutos más o hasta que la masa se haya secado. Deje que se enfríe un poco. Después espolvoree con la mitad del parmesano. Reduzca la temperatura del horno a 180 °C.

3 Para el relleno, derrita la mantequilla en un cazo y fría las cebollas de 2 a 3 minutos, hasta que estén blandas. Incorpore las hierbas, remueva y deje enfriar. Bata los huevos, las cremas, el resto del parmesano y sazone.

4 Distribuya la mezcla de cebolla por la masa, ponga los espárragos por encima y añada la mezcla de huevo. Hornee de 25 a 30 minutos o hasta que la quiche esté dorada.

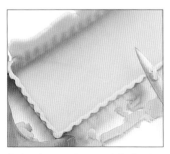

Retire el exceso de masa de los bordes del molde.

Bata los huevos, las cremas y el parmesano restante.

Adorne la quiche por encima con los espárragos.

Quiche de polenta rellena de puerros y jamón

TIEMPO DE PREPARACIÓN: 45 minutos

+ 50 minutos en el frigorífico

TIEMPO DE COCCIÓN: 1 hora y 15 minutos

Para 6 personas

125 g de harina

75 g de polenta

90 g de mantequilla, picada

90 g de queso crema, picado

Para el relleno de puerros y jamón:

50 g de mantequilla

2 puerros, a rodajas muy finas

2 huevos ligeramente batidos

250 ml de crema de leche

½ cucharadita de nuez moscada molida

100 g de jamón troceado

75 g de queso gruyère rallado

1 Mezcle la harina y la polenta. Añada la mantequilla y el queso crema y bata 15 segundos, hasta que la mezcla ligue. Ponga la masa sobre la superficie de trabajo enharinada y haga una bola. Tápela con film transparente y déjela enfriar 30 minutos.

2 Para el relleno, caliente la mantequilla en un cazo. Añada los puerros y déjelos cocer tapados, removiendo con frecuencia, de 10 a 15 minutos, o hasta que estén blandos. Déjelos enfriar. Bata los huevos, la crema y la nuez moscada. Aderece con pimienta.

3 Engrase con mantequilla una tartera desmoldable de 21 x 28 cm. Extienda la masa entre 2 papeles sulfurizados y forre el molde. Retire el exceso de masa. Deje enfriar durante 20 minutos. Caliente el horno a 190 °C. Forre la masa con papel sulfurizado y rellene el molde con bolitas para hornear. Hornee 15 minutos. Retire el papel y las bolitas y hornee otros 15 minutos o hasta que la masa se haya secado y esté cocida. Reduzca la temperatura a 180 °C.

4 Distribuya el puerro sobre la tarta, esparza el jamón y espolvoree con el queso. Vierta la mezcla de crema. Hornee 30 minutos o hasta que la quiche esté dorada y haya cuajado.

Añada la mantequilla y el queso crema a la harina y la polenta.

Cueza el puerro hasta que esté blando, pero no dorado.

Distribuya el jamón y el queso por encima de la quiche.

Quiche de feta, albahaca y aceitunas negras

TIEMPO DE PREPARACIÓN: 40 minutos
+ 25 minutos en el frigorífico
TIEMPO DE COCCIÓN: 40 minutos
Para 6 personas

155 g de harina con levadura, tamizada
90 g de mantequilla, derretida fría
60 ml de leche

Para el relleno:

250 g de queso feta, cortado en dados
15 g de hojas de albahaca, cortadas en juliana
30 g de aceitunas negras, fileteadas
3 huevos ligeramente batidos
80 ml de leche
90 g de crema agria
tomates semisecos para decorar
hojas de albahaca para decorar

1 Engrase una tartera desmoldable de 22 cm de anchura. Ponga la harina en un cuenco grande y haga un hueco en el centro. Añada la mantequilla y la leche y remueva hasta que la mezcla ligue para formar una masa. Póngala sobre la superficie de trabajo enharinada y haga una bola. Métala en el frigorífico 5 minutos. Extienda la masa y forre el molde pegándola bien a las paredes. Retire el exceso de masa. Déjela enfriar durante 20 minutos. Precaliente el horno a 200 °C.

2 Para el relleno, reparta uniformemente los dados de feta sobre la base y ponga encima la albahaca picada y las aceitunas. Bata los huevos, la leche y la crema agria hasta que la mezcla esté homogénea y viértala a continuación sobre la masa. Hornee 15 minutos, reduzca la temperatura a 180 °C y deje cocer durante 25 minutos más o hasta que el relleno haya cuajado.

3 Corte los tomates semisecos por la mitad y mézclelos con la albahaca. Sirva la quiche a temperatura ambiente con una cucharada de tomate y albahaca.

Corte el feta en dados y las hojas de albahaca en juliana.

Añada la mantequilla derretida y la leche al hueco de la harina.

Esparza la albahaca y las aceitunas sobre la quiche.

Quiches de espárragos y alcachofa

TIEMPO DE PREPARACIÓN: 40 minutos
+ 30 minutos en el frigorífico
TIEMPO DE COCCIÓN: 40 minutos
Para 6 personas

150 g de harina
90 g de mantequilla fría, picada
60 g de gruyère rallado

Para el relleno:
150 g de espárragos limpios,
  cortados en trocitos
2 huevos
80 ml de crema de leche
40 g de queso gruyère, rallado
140 g de corazones de alcachofa en conserva,
  cortados en cuartos

1 Bata en el robot la harina
y la mantequilla 15 segundos
aproximadamente, hasta que
formen migas. Añada el queso
y 2 o 3 cucharadas de agua. Bata a
intervalos cortos hasta que la mezcla
ligue. Añada un poco más de agua si
fuese necesario. Ponga la masa sobre la superficie
de trabajo enharinada y haga una bola. Tápela con
film transparente y métala en el frigorífico 30 minutos.

2 Precaliente el horno a 190 °C. Engrase 6 tartaletas
desmoldables de 8,5 cm de diámetro. Extienda
la masa y forre los moldes. Retire la masa sobrante
con un cuchillo afilado. Pinche el fondo de los
moldes con un tenedor, póngalos en una placa
y hornee de 10 a 12 minutos o hasta que la masa
esté un poco dorada.

3 Para el relleno, blanquee los espárragos cortados
en agua salada hirviendo. Escúrralos y enfríelos en
un recipiente con agua y hielo. Bata ligeramente
los huevos, la crema y el queso y aderece con sal
y pimienta negra.

4 Reparta las alcachofas y los espárragos entre
los moldes, vierta la mezcla de huevo y crema
por encima y espolvoree con el queso. Hornee
durante 25 minutos o hasta que el relleno esté
cuajado y dorado. Si la masa empieza a dorarse
antes de que el relleno esté completamente cuajado,
tape la quiche con papel de aluminio.

Cuartee los corazones de alcachofa.

Bata a intervalos cortos hasta
que la mezcla ligue.

Reparta las alcachofas y los espárragos
por los moldes.

Quiche de salmón y cebolla tierna

TIEMPO DE PREPARACIÓN: 20 minutos
+ 20 minutos en el frigorífico
TIEMPO DE COCCIÓN: 55 minutos
Para 6 personas

250 g de harina con levadura
160 g de mantequilla, derretida
125 ml de leche

Para el relleno:
415 g de salmón enlatado, escurrido
 y desmenuzado
4 cebollas tiernas, cortadas en rodajas
20 g de perejil, picado
4 huevos ligeramente batidos
125 ml de leche
125 ml de crema de leche
60 g de gruyère rallado

1 Engrase una tartera desmoldable de 26 cm
de diámetro. Tamice la harina en un cuenco grande
y deje un hueco en el centro. Vierta la mantequilla
derretida y la leche y mézclelas hasta obtener
una masa. Métala en el frigorífico durante
20 minutos. Precaliente el horno 200 °C. Extienda
la masa y forre el molde. Retire el sobrante con
un cuchillo afilado o pasando un rodillo sobre
los bordes del molde.

2 Cubra la masa con papel sulfurizado y rellene
el molde con bolitas para hornear. Métalo
en el horno durante 15 minutos. Retire el papel
y las bolitas y hornee otros 10 minutos. Deje que
se enfríe. Reduzca la temperatura del horno a 180 °C.

3 Distribuya el salmón sobre la masa. Mezcle las cebollas
tiernas, el perejil, los huevos, la crema y el queso
y viértalo sobre el relleno. Hornee durante 30 minutos
o hasta que cuaje.

*Desmenuce el salmón con ayuda
de un tenedor.*

*Incorpore la mantequilla y la leche en
el hueco de la harina.*

*Mezcle las cebollas tiernas, el perejil,
los huevos, la leche, la crema y el queso.*

Quiches de berenjena y pimientos secos

TIEMPO DE PREPARACIÓN: 30 minutos

+ 45 minutos en el frigorífico

TIEMPO DE COCCIÓN: 1 hora

Para 6 personas

185 g de harina
125 g de mantequilla fría, picada
1 yema de huevo

Para el relleno:
100 g de berenjena, en rodajas finas
30 g de mantequilla
4 cebollas tiernas finamente picadas
1-2 ajos machacados
½ pimiento rojo pequeño, finamente picado
40 g de pimientos secos, escurridos y picados
2 huevos ligeramente batidos
185 ml de crema de leche

1 Bata en el robot la harina y la mantequilla hasta que formen migas. Añada la yema de huevo y 1 cucharada de agua. Bata a intervalos hasta que la mezcla ligue. Ponga la masa sobre la superficie de trabajo enharinada y forme una bola. Tápela con film transparente y métala en el frigorífico al menos 30 minutos.

2 Para el relleno, pincele las rodajas de berenjena con aceite de oliva y áselas por ambos lados hasta que estén doradas. Caliente la mantequilla en una cacerola y deje cocer la cebolla, el ajo y los pimientos mientras remueve con frecuencia, hasta que estén blandos. Añada los pimientos secos, mezcle y deje enfriar. Bata los huevos y la crema y salpimiente.

3 Engrase 6 tartaletas de 8 cm de diámetro. Extienda la masa y forre los moldes. Retire el sobrante de masa. Tápela y deje que enfríe durante 15 minutos. Precaliente el horno a 190 °C. Cubra la masa con papel sulfurizado y rellene el molde con bolitas para hornear. Métalo en el horno 10 minutos. Quite el papel y las bolitas y hornee otros 10 minutos.

4 Reparta el relleno frío en los moldes, ponga encima las rodajas de berenjena y vierta la mezcla de crema y huevo. Hornee de 25 a 30 minutos o hasta que cuaje.

Corte la berenjena en rodajas finas en diagonal.

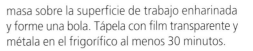
Pincele las rodajas de berenjena con aceite y áselas.

Vierta la crema sobre las tartaletas.

Quiche mediterránea

TIEMPO DE PREPARACIÓN: 50 minutos
+ 15 minutos en el frigorífico
TIEMPO DE COCCIÓN: 1 hora y 25 minutos
Para 6-8 personas

1 lámina de masa quebrada preparada

3 cucharadas de aceite de oliva
2 dientes de ajo picados
½ cebolla, a dados
1 chile fresco pequeño, sin semillas
   y finamente picado
1 pimiento rojo, picado
1 pimiento amarillo, picado
400 g de tomates enlatados, escurridos
   y picados
2 cucharadas de orégano picado
4 huevos ligeramente batidos
35 g de parmesano recién rallado

1 Engrase una tartera desmoldable de 22 cm de diámetro. Extienda la masa y forre el molde preparado. Pegue bien la masa a las paredes del molde y retire el sobrante con un cuchillo afilado. Tape y deje enfriar durante 15 minutos. Precaliente el horno a 190 °C. Cubra la masa con papel sulfurizado y rellene el molde con bolitas para hornear o arroz. Métalo en el horno durante 10 minutos. Retire el papel y el arroz y hornee otros 10 minutos o hasta que la masa esté dorada. Déjela enfriar sobre una rejilla.

2 Caliente el aceite y fría el ajo y la cebolla hasta que estén blandos. Añada el chile y el pimiento rojo y amarillo y deje cocer durante 6 minutos. Incorpore los tomates y el orégano, remueva, tape y deje cocer a fuego lento durante 10 minutos. Destape y deje cocer hasta que el líquido se evapore. Retire del fuego y deje enfriar.

3 Mezcle los huevos y el parmesano con el tomate. Con una cuchara vierta la mezcla en el molde. Hornee de 35 a 45 minutos o hasta que el relleno haya cuajado.

Añada el chile y el pimiento rojo y el amarillo picados.

Deje cocer las hortalizas hasta que el líquido se haya evaporado.

Con una cuchara, reparta el relleno en el molde.

Quiche de pollo a la mostaza y espárragos

TIEMPO DE PREPARACIÓN: 25 minutos
+ 40 minutos en el frigorífico
TIEMPO DE COCCIÓN: 1 hora y 20 minutos
Para 8 personas

250 g de harina
100 g de mantequilla fría, picada
1 yema de huevo

Para el relleno:
150 g de espárragos, picados
25 g de mantequilla
1 cebolla picada
75 g de mostaza en grano
200 g de queso crema
125 ml de crema de leche
3 huevos, ligeramente batidos
200 g de pollo cocido, picado
½ cucharadita de pimienta negra

1 Bata en el robot la harina y la mantequilla hasta que se formen migas. Añada una yema de huevo y 3 cucharadas de agua. Bata a intervalos hasta que la mezcla ligue. Ponga la masa sobre la superficie de trabajo enharinada y forme una bola. Tápela con film transparente y déjela enfriar 30 minutos. Engrase una tartera desmoldable de 19 cm de diámetro.

2 Extienda la masa y forre el molde. Retire el sobrante. Coloque el molde en una placa para el horno y déjelo enfriar 10 minutos. Precaliente el horno a 200 °C. Cubra la masa con papel sulfurizado y rellene con bolitas para hornear. Hornee 10 minutos. Retire el papel y las bolitas y hornee otros 10 minutos, hasta que la masa esté ligeramente dorada y se haya secado. Deje enfriar. Baje la temperatura del horno a 180 °C.

3 Para el relleno, hierva o cueza los espárragos al vapor. Escúrralos y séquelos. Caliente la mantequilla en un cazo y deje ablandar la cebolla. Retírela del fuego y añada la mostaza y el queso. Remueva hasta que se haya derretido. Déjelo enfriar. Añada la crema, los huevos, el pollo y los espárragos y mezcle.

4 Distribuya el relleno y espolvoree con pimienta. Hornee de 50 minutos a 1 hora. Deje enfriar 15 minutos antes de servir.

Cuando la mezcla forme migas, añada la yema de huevo.

Seque los espárragos para que la quiche no se ablande.

Añada la mostaza y el queso crema y remueva hasta que se derrita.

Quiches de jamón y maíz tierno

TIEMPO DE PREPARACIÓN: 25 minutos

TIEMPO DE COCCIÓN: 20 minutos

Para 30 mini quiches

20 g de mantequilla
4 cebollas tiernas, finamente picadas
100 g de jamón serrano, en tiras finas
una lata de 270 g de maíz escurrido
2 huevos ligeramente batidos
2 cucharadas de cebollino picado
125 ml de crema de leche
125 ml de leche

10 láminas de pasta *filo*
aceite o mantequilla derretida para engrasar

1 Precaliente el horno a 200 °C. Derrita la mantequilla en un cazo y fría las cebollas tiernas 2 minutos o hasta que estén blandas. Páselas a un cuenco y añada el jamón, el maíz, el huevo y el cebollino. Mezcle la crema y la leche y añádalas al resto de los ingredientes.

2 Trabaje con 5 láminas de pasta *filo* a la vez y reserve el resto tapadas con papel sulfurizado y un paño húmedo. Pincele las láminas con aceite y mantequilla derretida y apílelas. Con ayuda de un cortador redondo de 8 cm corte 15 círculos de las láminas.

3 Ponga los círculos de masa en moldes pequeños de 6 cm de diámetro, ya engrasados. Vierta en cada molde una cucharada del relleno. Repita la operación con las 5 láminas de pasta restantes. Hornee durante 15-20 minutos o hasta que las tartaletas estén doradas.

Mezcle la cebolla y el jamón con la crema y la leche.

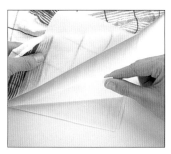

Tape la pasta con papel sulfurizado y un paño húmedo.

Llene los moldes con una cucharada de relleno.

Quiche a las finas hierbas

TIEMPO DE PREPARACIÓN: 30 minutos
+ 50 minutos en el frigorífico
TIEMPO DE COCCIÓN: 1 hora
Para 4-6 personas

185 g de harina
15 g de perejil picado
125 g de mantequilla fría, picada en trozos
1 yema de huevo

Para el relleno de hierbas:

30 g de mantequilla
1 puerro pequeño, a rodajas finas
1-2 dientes de ajo picados
4 cebollas tiernas picadas
15 g de perejil, picado
2 cucharadas de cebollino, picado
2 cucharadas de eneldo, picado
2 cucharadas de hojas de orégano
3 huevos
250 ml de crema de leche
60 ml de leche
125 g de gruyère rallado

1 Bata en el robot la harina, el perejil y la mantequilla hasta que se formen migas. Añada la yema de huevo y una cucharada de agua. Bata de nuevo a intervalos hasta que la mezcla ligue. Vuelque la masa sobre la superficie de trabajo enharinada y forme una bola. Tápela con film transparente y déjela enfriar 30 minutos.

2 Engrase una tartera desmoldable de 24 cm de diámetro. Extienda la masa, forre el molde y retire el sobrante. Deje enfriar el molde 20 minutos. Precaliente el horno a temperatura media-alta de 190 °C. Cubra la masa con papel sulfurizado y rellene con bolitas para hornear. Hornee 15 minutos. Quite el papel y las bolitas y hornee otros 10 minutos. Reduzca la temperatura del horno a 180 °C.

3 Para hacer el relleno, caliente la mantequilla en una cacerola de fondo grueso. Deje cocer el puerro, el ajo y la cebolla, removiendo a menudo. Añada las hierbas y deje enfriar.

4 Bata los huevos, la crema, la leche y la pimienta. Distribuya el puerro y la mezcla de hierbas sobre la tarta. Vierta encima la mezcla de huevo y espolvoree con el queso. Hornee 30 minutos o hasta que esté dorada.

Cuando la mezcla se desmigaje, añada la yema de huevo y el agua.

Cuando el puerro esté cocido, incorpore las hierbas y remueva.

Espolvoree con gruyère rallado por encima de la quiche.

Quiches de espinacas y pimiento rojo

TIEMPO DE PREPARACIÓN: 40 minutos

+ 45 minutos en el frigorífico

TIEMPO DE COCCIÓN: 1 hora y 5 minutos

Para 4 quiches

215 g de harina

2 cucharadas de cebollino, picado

125 g de mantequilla fría, picada

1 yema de huevo

Para el relleno de espinacas y pimiento rojo:

500 g de espinacas

30 g de mantequilla

6 cebollas tiernas, a rodajas finas

1-2 dientes de ajo, finamente picados

1 pimiento rojo pequeño, muy picado

2 huevos ligeramente batidos

250 ml de crema de leche

100 g de camembert o brie cortado en 8 lonchas

1 Ponga la harina y el cebollino en el robot, añada la mantequilla y bata durante 15 segundos, hasta que la mezcla forme migas. Añada la yema de huevo y 3 cucharadas de agua. Bata a intervalos cortos hasta que la mezcla ligue. Añada un poco más de agua si es necesario. Vuelque la masa sobre la superficie de trabajo enharinada y forme una bola. Tápela con film transparente y métala en el frigorífico al menos 30 minutos.

2 Para el relleno de espinacas y pimiento rojo, lave bien las espinacas y quite los tallos. Póngalas en una cacerola grande, tápela y déjelas cocer a temperatura media 5 minutos o hasta que estén blandas. Escúrralas y deje que se enfríen. Exprímalas al máximo con las manos. Píquelas groseramente.

Con ayuda de un cuchillo afilado pique el ajo.

Corte 8 lonchas de camembert o brie.

Vuelque la masa sobre la superficie de trabajo enharinada y haga una bola.

3 Caliente la mantequilla en una sartén y deje cocer la cebolla tierna, el ajo y el pimiento de 5 a 7 minutos removiendo a menudo. Incorpore las espinacas, remueva y deje enfriar. Bata los huevos y la crema en una jarra pequeña y aderece con sal y pimienta negra recién molida.

4 Engrase 4 tartaletas desmoldables de 11 cm de diámetro. Divida la masa en 4 trozos iguales, y extiéndalos; forre los moldes con la masa presionando bien sobre las paredes. Corte la masa sobrante con un cuchillo afilado o pasando el rodillo por los bordes. Tape los moldes y métalos en el frigorífico durante 15 minutos. Precaliente el horno a 190 °C. Cubra

la masa con papel sulfurizado y rellene los moldes con bolitas para hornear o arroz. Hornee durante 10 minutos. Quite el papel y el arroz y hornee otros 10 minutos.

5 Reparta la mezcla de espinacas entre los moldes. Vierta la mezcla de crema y huevo sobre las espinacas. Ponga 2 lonchas de queso encima. Hornee de 25 a 30 minutos o hasta que el relleno esté dorado y haya cuajado.

Exprima para eliminar la humedad de las espinacas.

Cueza la cebolla tierna, el ajo y el pimiento.

Forre los moldes con papel sulfurizado y rellénelos con arroz.

Quiches de maíz y tomates semisecos

TIEMPO DE PREPARACIÓN: 20 minutos

TIEMPO DE COCCIÓN: 20 minutos

Para 24 mini quiches

12 tomates semisecos
2 lonchas de beicon picadas
1 cucharadita de mantequilla
2 huevos
125 ml de crema agria
310 g de maíz enlatado
1 cucharada de perejil picado

2 láminas de masa de hojaldre preparada

1 Extienda las 2 láminas de masa de hojaldre en cuadrados de 27 cm. Con un cortapastas liso de 7 cm, corte 12 redondeles de cada lámina. Utilice los redondeles para forrar moldes pequeños de 6 cm de diámetro, tápelos y métalos en el frigorífico de 10 a 15 minutos.

2 Corte 12 tomates semisecos por la mitad y déjelos a un lado.

3 Fría el beicon con la mantequilla y viértalo en un cuenco con los huevos ligeramente batidos, la crema agria, el puré de maíz y el perejil picado.

4 Rellene las bases de masa con la mezcla de maíz y ponga encima los trozos de tomate. Hornee a 190 °C de 15 a 20 minutos o hasta que las quiches estén hinchadas y doradas. Para 24 quiches.

Corte redondeles de masa con un cortapastas liso.

Corte los tomates semisecos por la mitad con un cuchillo.

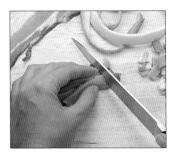

Quite la corteza y el exceso de grasa al beicon y córtelo en trozos.

Quiches de duxelle de champiñones

TIEMPO DE PREPARACIÓN: 10 minutos

TIEMPO DE COCCIÓN: 15 minutos

Para 24 quiches

300 g de champiñones finamente picados
4 cebollas tiernas, picadas
1 cucharada de perejil picado
2 huevos
170 ml de crema de leche

2 láminas de masa quebrada preparada

1 Fría los champiñones y las cebollas tiernas con un poco de mantequilla durante 4-5 minutos o hasta que estén blandos y secos.

2 Añada el perejil picado. Deje enfriar. Añada el huevo batido y la crema. Salpimiente.

3 Extienda la masa quebrada y con ayuda de un cortapastas ondulado de 6 cm corte 12 círculos en cada lámina y forre con ellos moldes pequeños de 6 cm. Tápelos y déjelos enfriar.

4 Ponga el relleno con una cuchara y decore con rodajas de champiñón. Hornee a 190 ºC durante 15 minutos, o hasta que las quiches se hayan hinchado y estén doradas.

Tarta de verano italiana

TIEMPO DE PREPARACIÓN: 40 minutos

+ 50 minutos en el frigorífico

TIEMPO DE COCCIÓN: 1 hora

Para 4-6 personas

185 g de harina
90 g de mantequilla fría, picada
1 yema de huevo

Para el relleno:
1 cucharada de aceite de oliva
2 cebollas rojas pequeñas, a rodajas
1 cucharada de aceite balsámico
1 cucharadita de azúcar moreno blando
1 cucharada de hojas de tomillo
170 g de alcachofas en conserva,
    cuarteadas y escurridas
2 lonchas de jamón en tiras
12 aceitunas negras
hojas de tomillo para decorar

1 Ponga la harina y la mantequilla en el robot y bata hasta que la mezcla forme unas migas. Añada la yema de huevo y 2 o 3 cucharadas de agua. Bata a intervalos hasta que la mezcla ligue. Ponga la masa sobre la superficie de trabajo enharinada y forme una bola. Tápela con film transparente y déjela enfriar 30 minutos.

2 Extienda la masa entre dos papeles sulfurizados hasta que sea lo suficientemente grande para forrar un molde rectangular desmoldable de 35 x 10 cm. Con mucho cuidado, ponga la masa sobre el molde y apriétela contra las paredes. Corte el exceso de masa. Tape el molde y métalo en el frigorífico otros 20 minutos más. Precaliente el horno a 190 °C. Forre la masa con papel sulfurizado y rellene el molde con bolitas para hornear, arroz o alubias. Métalo en el horno durante 15 minutos. Quite el papel y las bolitas y hornee otros 15 minutos, hasta que la masa esté dorada y cocida. Deje que se enfríe sobre una rejilla.

3 Caliente una cacerola con aceite, añada la cebolla picada y cueza removiendo de vez en cuando, durante 15 minutos. Añada el vinagre balsámico y el azúcar moreno y deje cocer otros 15 minutos. Retire del fuego, incorpore las hojas de tomillo, remueva y deje enfriar.

4 Esparza la cebolla sobre la base de la masa cocida. Distribuya las alcachofas por encima y rellene los huecos entre ellas con las tiras de jamón y las aceitunas negras. Espolvoree con el tomillo restante y con pimienta negra recién molida. Sirva a temperatura ambiente.

Cuando la masa forme migas, añada la yema y un poco de agua.

Rellene los huecos con tiras de jamón y aceitunas negras.

Tartaletas de tomate asado y calabacín

TIEMPO DE PREPARACIÓN: 45 minutos
TIEMPO DE COCCIÓN: 1 hora y 20 minutos
Para 6 personas

3 tomates pera cortados por la mitad
   longitudinalmente
1 cucharadita de vinagre balsámico
1 cucharadita de aceite de oliva
3 calabacines pequeños, cortados en rodajas
375 g de masa de hojaldre
1 yema de huevo batida, para glasear
12 aceitunas negras pequeñas
24 alcaparras, lavadas y escurridas

Para el pesto de menta:
75 g de pistachos sin sal, descascarillados
40 g de hojas de menta
2 dientes de ajo, picados
80 ml de aceite de oliva
50 g de parmesano recién rallado

1 Precaliente el horno a 150 °C.
Ponga los tomates por el lado
del corte en una placa para hornear.

Áselos 30 minutos; pincélelos con una mezcla
de vinagre y aceite y áselos otros 30 minutos más.
Suba la temperatura del horno a 210 °C.

2 Para el pesto, ponga los pistachos, la menta y el ajo
en el robot de cocina y bata durante 15 segundos.
Después, incorpore lentamente el aceite de oliva.
Añada el parmesano.

3 Precaliente el grill y forre la placa con papel de
aluminio. Ponga los calabacines sobre el papel
de aluminio y pincélelos con la mezcla de aceite
y vinagre balsámico restante. Áselos bajo el grill
durante 5 minutos y déles una vuelta.

4 Extienda la masa formando un rectángulo
de 25 x 40 cm y corte 6 círculos de 12 cm.
Póngalos en una placa para hornear engrasada
y pincélelos con yema de huevo. Ponga una cucharada
de pesto en cada círculo dejando un borde de 2 cm.
Reparta el calabacín entre los círculos y ponga encima
los medios tomates. Hornee durante 15 minutos o
hasta que estén dorados. Adorne con las aceitunas,
las alcaparras y la pimienta negra.

*Ase los tomates durante 30 minutos
y pincélelos con vinagre y aceite.*

*Añada el parmesano rallado al pesto
batiendo rápidamente.*

*Distribuya los calabacines asados sobre
el pesto dejando el borde sin cubrir.*

Tartaletas de hortalizas asadas y feta

TIEMPO DE PREPARACIÓN: 1 hora

TIEMPO DE COCCIÓN: 1 hora

Para 6 personas

1 pimiento rojo pequeño, cortado en dados
1 pimiento amarillo pequeño, cortado en dados
300 g de berenjena, cortada en dados
2 calabacines, cortados en rodajas
125 g de tomates cereza
3 dientes de ajo, picados
2 cucharadas de aceite de oliva
1 cucharadita de semillas de comino
3-4 láminas de masa quebrada preparada
300 g de queso feta
300 g de queso ricotta
2 cucharaditas de vinagre balsámico
1 cucharada de perejil picado

1 Precaliente el horno a 200 °C. Ponga el pimiento, la berenjena, el calabacín y los tomates en una placa para hornear forrada con papel sulfurizado. Mezcle el ajo, el aceite de oliva, las semillas de comino y una pizca de sal. Rocíe con ello las hortalizas. Áselas durante 30 minutos o hasta que estén blandas.

2 Forre 12 moldes para tartaletas desmoldables de 8 cm con la masa, presionando bien por las paredes, y retire el sobrante. Pinche las bases con un tenedor y hornee durante 10 minutos o hasta que estén cocidas y doradas.

3 Aplaste el feta y el ricotta con un tenedor hasta que la mezcla quede homogénea. Repártala entre los moldes y alise la superficie con una cuchara mojada en agua caliente. Hornee de 15 a 20 minutos o hasta las tartaletas que estén doradas y calientes.

4 Rocíe las hortalizas asadas con el vinagre balsámico y mezcle bien. Repártalas en las tartaletas cocidas y espolvoree con perejil.

Corte las hortalizas antes de asarlas.

Rocíe las hortalizas con el aceite y áselas hasta que estén blandas.

Alise el relleno de queso con una cuchara.

Tartaletas de pollo especiadas

TIEMPO DE PREPARACIÓN: 50 minutos

TIEMPO DE COCCIÓN: 45 minutos

Para 8 personas

2 cebollas grandes, finamente picadas
400 g de berenjenas, cortadas en dados
2 dientes de ajo, picados
2 latas de 410 g de tomates picados
1 cucharada de tomate concentrado
3 cucharaditas de azúcar moreno
1 cucharada de vinagre de vino tinto
3 cucharadas de perejil, picado
2 láminas de masa quebrada preparada
2 cucharaditas de semillas de comino molido
2 cucharaditas de cilantro molido
1 cucharadita de pimentón dulce
400 g de filetes de pollo
crema agria y hojas de cilantro

1 Fría la cebolla con un poco de aceite hasta que esté dorada. Añada la berenjena y el ajo y déjelas cocer durante unos minutos. Incorpore el tomate, el tomate concentrado, el azúcar y el vinagre y remueva. Deje hervir, baje el fuego, tape y deje que hierva a fuego lento durante 20 minutos. Destape y deje cocer otros 10 minutos o hasta que esté espeso. Añada el perejil y sazone. Precaliente el horno a 190 °C.

2 Engrase 8 tartaletas de 7,5 cm de diámetro, fórrelas con la masa y decore las paredes con una cuchara. Pinche las bases con un tenedor. Hornee durante 15 minutos o hasta que la masa esté dorada.

3 Mezcle el comino, el cilantro y el pimentón sobre un papel sulfurizado. Reboce los trozos de pollo con las especias. Caliente un poco de aceite en una sartén y fría el pollo hasta que esté bien cocido y dorado. Córtelo diagonalmente. Rellene los moldes con la mezcla de berenjena y añada el pollo, la crema agria y las hojas de cilantro.

Cueza a fuego lento la mezcla de tomate. Añada el perejil.

Decore los bordes de la masa con una cuchara.

Separe el filete de la pechuga para que se cueza más rápidamente.

Envueltos de espárragos y jamón crujiente

TIEMPO DE PREPARACIÓN: 40 minutos

TIEMPO DE COCCIÓN: 40 minutos

Para 8 personas

32 espárragos frescos
30 g de mantequilla
1 puerro, cortado en rodajas
8 lonchas de jamón
2 láminas de masa de hojaldre preparada
4 cucharaditas de mostaza en grano
parmesano en virutas
1 huevo ligeramente batido para glasear

1 Precaliente el horno a 200 ºC. Quite los extremos duros de los espárragos. Derrita 20 g de mantequilla en una sartén grande de fondo grueso y añada el puerro. Déjelo cocer a fuego lento hasta que esté blando. Retírelo de la sartén y déjelo a un lado. Derrita la mantequilla restante en la sartén, añada los espárragos y cuézalos un poco a fuego lento durante 1 minuto. Séquelos con papel de cocina.

2 Hornee el jamón 10 minutos o hasta que esté crujiente. Déjelo enfriar y córtelo después en trozos. Déjelo a un lado.

3 Corte las láminas de masa en cuartos. Extienda en el centro media cucharadita de mostaza. Reparta el puerro y ponga encima 4 trozos de espárrago. Coloque el jamón y el parmesano encima.

4 Doble dos esquinas opuestas hacia el centro para cerrar los paquetitos y séllelos con un poco de huevo batido. Póngalos en una placa para hornear engrasada. Pincélelos con el huevo restante y hornee durante 25 minutos, hasta que estén dorados.

Quite los extremos duros de los espárragos.

Corte el jamón cuando esté frío.

Ponga las tiras de jamón encima de los espárragos.

Tarta de cebollas caramelizadas, champiñones y queso de cabra

TIEMPO DE PREPARACIÓN: 40 minutos

+ 35 minutos en el frigorífico

TIEMPO DE COCCIÓN: 1 hora y 35 minutos

Para 6 personas

250 g de harina
125 g de mantequilla fría, picada
125 g de queso ricotta

Para el relleno:
50 g de mantequilla
3 cebollas, a rodajas finas
200 g de champiñones, a rodajas
100 g de queso de cabra, desmenuzado
125 g de queso ricotta
1 cucharada de hojas de tomillo

1 Ponga la harina, la mantequilla y la ricotta en el robot de cocina y bata 15 segundos o hasta que queden bien mezclados. Añada 2 cucharadas de agua. Bata a intervalos cortos hasta que la mezcla ligue.

Añada más agua si es necesario. Ponga la masa sobre la superficie de trabajo enharinada y haga una bola. Tápela con film transparente y déjela en el frigorífico al menos 15 minutos.

2 Para el relleno, caliente la mantequilla en una cacerola, añada la cebolla y déjela cocer a fuego lento durante 40-45 minutos. Añada los champiñones y cueza otros 10 minutos. Escúrralos y déjelos enfriar. Incorpore el queso de cabra desmenuzado, la ricotta y las hojas de tomillo.

3 Extienda la masa sobre un papel sulfurizado dándole 32 cm de diámetro y póngala en una placa para pizza grande. Doble los bordes para hacer un reborde, presionando por encima. Pinche la base con un tenedor, tape y refrigere durante 20 minutos.

4 Precaliente el horno a 200 °C. Hornee durante 15 minutos, reduzca la temperatura a 180 °C. Añada el relleno y hornee durante 25 minutos.

Agregue los champiñones a las cebollas.

Forre la placa con la masa.

Pinche el fondo con un tenedor.

BLUME

Título original:
Quiches & Tarts

Traducción:
Almudena Frutos Velasco

Revisión y adaptación de la edición en lengua española:
Ana María Pérez Martínez
Especialista en temas culinarios

Coordinación de la edición en lengua española:
Cristina Rodríguez Fischer

Primera edición en lengua española 2006

© 2006 Naturart, S.A. Editado por Blume
Av. Mare de Déu de Lorda, 20
08034 Barcelona
Tel. 93 205 40 00 Fax 93 205 14 41
E-mail: info@blume.net
© 2006 Murdoch Books, Sídney (Australia)

I.S.B.N.: 84-8076-633-6

Impreso en China